SQUISITE RICETTE DEL MEDITERRANEO

RICETTE FACILI E CONVENIENTI PER PRINCIPIANTI

CATERINA COLA

Sommario

Insalata di Pollo

Tempo di preparazione: 20 minuti

Tempo di cottura : 20 minuti

Porzioni: 4

Livello di difficoltà: facile

Ingredienti:

- 2 metà di filetto di pollo senza pelle o ossa
- 1 bustina di erbe per fajitas, divisa
- 1 cucchiaio di olio vegetale
- 1 barattolo di fagioli neri, sciacquati e scolati
- 1 scatola di mais alla messicana
- 1/2 tazza di salsa
- 1 pacchetto di insalata verde
- 1 cipolla, tritata
- 1 pomodoro, tagliato in quarti

Indicazioni:

Strofina uniformemente il pollo con metà delle erbe per le fajitas.

Cuocere l'olio in una padella a fuoco medio e cuocere il pollo per 8

minuti fianco a fianco o fino a quando il succo sarà limpido;

mettere da parte. Unisci fagioli, mais, salsa e altre 1/2 spezie fajita

in una padella grande. Riscaldare a fuoco medio fino a quando non

è tiepido. Prepara l'insalata mescolando verdure, cipolla e

pomodoro. Coprire l'insalata di pollo e condire la miscela di fagioli

e mais.

Nutrizione (per 100 g): 311 calorie 6,4 g di grassi 42,2 g di

carboidrati 23 g di proteine 853 mg di sodio

Insalata di mais e fagioli neri

Tempo di preparazione: 10 minuti

Tempo di cottura : 0 minuti

Porzioni: 4

Livello di difficoltà: facile

Ingredienti:

- 2 cucchiai di olio vegetale
- 1/4 tazza di aceto balsamico
- 1/2 cucchiaino di sale
- 1/2 cucchiaino di zucchero bianco
- 1/2 cucchiaino di cumino macinato
- 1/2 cucchiaino di pepe nero macinato
- 1/2 cucchiaino di peperoncino in polvere
- 3 cucchiai di coriandolo fresco tritato
- 1 lattina di fagioli neri (15 oz)
- 1 lattina di mais zuccherato (8,75 once) sgocciolato

Indicazioni:

Unisci l'aceto balsamico, l'olio, il sale, lo zucchero, il pepe nero, il cumino e il peperoncino in polvere in una piccola ciotola. Unisci mais nero e fagioli in una ciotola media. Mescolare con aceto e olio vinaigrette e guarnire con coriandolo. Copri e metti in frigorifero per una notte.

Nutrizione (per 100 g): 214 calorie 8,4 g di grassi 28,6 g di carboidrati 7,5 g di proteine 415 mg di sodio

Fantastica insalata di pasta

Tempo di preparazione: 30 minuti

Tempo di cottura : 10 minuti

Porzioni: 16

Livello di difficoltà: medio

Ingredienti:

- 1 confezione di fusilli
- 3 tazze di pomodorini
- 1/2 libbra di provola, a dadini
- 1/2 libbra di salsiccia, tagliata a dadini
- 1/4 libbra di peperoni, tagliati a metà
- 1 peperone verde grande
- 1 lattina di olive nere, scolate
- 1 vasetto di peperoncini, scolati
- 1 bottiglia (8 oz) di vinaigrette italiana

Indicazioni:

Fate bollire in una pentola dell'acqua leggermente salata. Incorporare la pasta e cuocere per circa 8-10 minuti o fino al dente. Scolare e risciacquare con acqua fredda.

Unisci la pasta con pomodori, formaggio, salame, peperoni, peperoni verdi, olive e peperoni in una grande ciotola. Versare la vinaigrette e mescolare bene.

Nutrizione (per 100 g): 310 calorie 17,7 g di grassi 25,9 g di carboidrati 12,9 g di proteine 746 mg di sodio

Insalata di tonno

Tempo di preparazione: 20 minuti

Tempo di cottura : 0 minuti

Porzioni: 4

Livello di difficoltà: facile

Ingredienti:

- 1 (19 once) lattina di ceci
- 2 cucchiai di maionese
- 2 cucchiaini di senape marrone piccante
- 1 cucchiaio di sottaceto dolce
- Sale e pepe a piacere
- 2 cipolle verdi tritate

Indicazioni:

Unisci i fagiolini, la maionese, la senape, la salsa, le cipolle verdi tritate, il sale e il pepe in una ciotola media. Mescolare bene.

Nutrizione (per 100 g): 220 calorie 7,2 g di grassi 32,7 g di carboidrati 7 g di proteine 478 mg di sodio

Insalata di patate

Tempo di preparazione: 15 minuti

Tempo di cottura : 15 minuti

Porzioni: 4

Livello di difficoltà: medio

Ingredienti:

- 4 patate
- 4 uova
- 1/2 gambo di sedano, tritato finemente
- 1/4 tazza di gusto dolce
- 1 spicchio d'aglio tritato
- 2 cucchiai di senape
- 1/2 tazza di maionese
- Sale e pepe a piacere

Indicazioni:

Far bollire l'acqua in una pentola quindi adagiare le patate e cuocere fino a quando saranno morbide ma ancora sode, circa 15 minuti; scolatele e tritatele. Trasferite le uova in una padella e coprite con acqua fredda.

Fai bollire l'acqua; coprire, togliere dal fuoco e lasciare le uova a bagno in acqua calda per 10 minuti. Rimuovere quindi sgusciare e tritare.

Unisci patate, uova, sedano, salsa dolce, aglio, senape, maionese, sale e pepe in una ciotola capiente. Mescolare e servire caldo.

Nutrizione (per 100 g): 460 calorie 27,4 g di grassi 44,6 g di carboidrati 11,3 g di proteine 214 mg di sodio

Insalata "sette strati"

Tempo di preparazione: 15 minuti

Tempo di cottura : Cinque minuti

Porzioni: 10

Livello di difficoltà: medio

Ingredienti:

- Pancetta da 1 libbra
- 1 cespo di lattuga iceberg
- 1 cipolla rossa, tritata
- 1 confezione da 10 piselli surgelati, scongelati
- 300 g di formaggio cheddar grattugiato
- 1 tazza di cavolfiore tritato
- 1 1/4 tazza di maionese
- 2 cucchiai di zucchero bianco
- 2/3 di tazza di parmigiano grattugiato

Indicazioni:

Metti la pancetta in una padella enorme e poco profonda. Cuocere a fuoco medio fino a che liscio. Sbriciolare e mettere da parte.

Metti la lattuga tritata in una grande ciotola e copri con uno strato di cipolla, piselli, formaggio grattugiato, cavolfiore e pancetta.

Preparare la vinaigrette mescolando la maionese, lo zucchero e il parmigiano. Versare sopra l'insalata e lasciare raffreddare.

Nutrizione (per 100 g): 387 calorie 32,7 g di grassi 9,9 g di carboidrati 14,5 g di proteine 609 mg di sodio

Insalata di cavolo nero, quinoa e avocado con vinaigrette di Digione al limone

Tempo di preparazione: 5 minuti

Tempo di cottura : 25 minuti

Porzioni: 4

Livello di difficoltà: difficile

Ingredienti:

- 2/3 tazza di quinoa
- 1 tazza e 1/3 di acqua
- 1 mazzetto di cavolo nero, tagliato a pezzetti
- 1/2 avocado - sbucciato, tagliato a dadini e snocciolato
- 1/2 tazza di cetriolo tritato
- 1/3 di tazza di peperone rosso tritato
- 2 cucchiai di cipolla rossa tritata
- 1 cucchiaio di feta sbriciolata

Indicazioni:

Bollire la quinoa e 1 1/3 di tazza d'acqua in una padella. Regolare il calore e cuocere a fuoco lento fino a quando la quinoa è tenera e l'acqua viene assorbita per circa 15-20 minuti. Mettere da parte a raffreddare.

Metti il cavolo cappuccio in un cestello a vapore sopra più di un pollice di acqua bollente in una padella. Chiudere la padella con un coperchio e cuocere a vapore fino a quando è calda, circa 45 secondi; trasferire su un piatto grande. Guarnire con cavolo, quinoa, avocado, cetriolo, pepe, cipolla rossa e formaggio feta.

Unire l'olio d'oliva, il succo di limone, la senape di Digione, il sale marino e il pepe nero in una ciotola fino a quando l'olio non si sarà emulsionato nel condimento; versare sopra l'insalata.

Nutrizione (per 100 g): 342 calorie 20,3 g di grassi 35,4 g di carboidrati 8,9 g di proteine 705 mg di sodio

Insalata saporita di Pollo

Tempo di preparazione: 20 minuti

Tempo di cottura : 0 minuti

Porzioni: 9

Livello di difficoltà: facile

Ingredienti:

- 1/2 tazza di maionese
- 1/2 cucchiaino di sale
- 3/4 cucchiaino di erbe aromatiche per pollame
- 1 cucchiaio di succo di limone
- 3 tazze di petto di pollo cotto, tagliato a dadini
- 1/4 cucchiaino di pepe nero macinato
- 1/4 cucchiaino di aglio in polvere
- 1/4 cucchiaino di cipolla in polvere
- 1/2 tazza di sedano tritato finemente
- 1 scatola di castagne d'acqua, scolate e tritate
- 1/2 tazza di cipolle verdi tritate
- 1 1/2 tazza di uva verde tagliata a metà
- 1 1/2 tazza di formaggio svizzero a dadini

Indicazioni:

Unisci la maionese, il sale, le spezie per il pollo, la cipolla in polvere, l'aglio in polvere, il pepe e il succo di limone in una ciotola media. Unisci pollo, sedano, cipolle verdi, castagne d'acqua, formaggio svizzero e uvetta in una grande ciotola. Incorporare la miscela di maionese e ricoprire. Lascia raffreddare fino al momento di servire.

Nutrizione (per 100 g): 293 calorie 19,5 g di grassi 10,3 g di carboidrati 19,4 g di proteine 454 mg di sodio

Insalata Cobb

Tempo di preparazione: 5 minuti

Tempo di cottura : 15 minuti

Porzioni: 6

Livello di difficoltà: difficile

Ingredienti:

- 6 fette di pancetta
- 3 uova
- 1 tazza di lattuga iceberg, grattugiata
- 3 tazze di carne di pollo tritata cotta
- 2 pomodori, privati dei semi e tritati
- 3/4 tazza di formaggio blu, sbriciolato
- 1 avocado - sbucciato, snocciolato e tagliato a dadini
- 3 cipolle verdi, tritate
- 1 bottiglia (8 oz.) Ranch Vinaigrette

Indicazioni:

Mettere le uova in una padella e bagnarle completamente con acqua fredda. Fai bollire l'acqua. Coprite e togliete dal fuoco e lasciate riposare le uova in acqua calda per 10-12 minuti. Togliere dall'acqua calda, lasciare raffreddare, sbucciare e tritare. Metti la pancetta in una padella grande e profonda. Cuocere a fuoco medio fino a che liscio. Mettere da parte.

Dividete la lattuga grattugiata in piatti separati. Distribuire pollo, uova, pomodori, formaggio blu, pancetta, avocado e cipolle verdi in file sulla lattuga. Cospargi con la tua vinaigrette preferita e divertiti.

Nutrizione (per 100 g): 525 calorie 39,9 g di grassi 10,2 g di carboidrati 31,7 g di proteine 701 mg di sodio

Insalata di Broccoli

Tempo di preparazione: 10 minuti

Tempo di cottura : 15 minuti

Porzioni: 6

Livello di difficoltà: medio

Ingredienti:

- 10 fette di pancetta
- 1 tazza di broccoli freschi
- ¼ di tazza di cipolla rossa, tritata
- ½ tazza di uvetta
- 3 cucchiai di aceto di vino bianco
- 2 cucchiai di zucchero bianco
- 1 tazza di maionese
- 1 tazza di semi di girasole

Indicazioni:

Cuocere la pancetta in una padella antiaderente a fuoco medio. Scolare, sbriciolare e mettere da parte. Unisci i broccoli, la cipolla e l'uvetta in una ciotola media. Mescola aceto, zucchero e maionese in una piccola ciotola. Versare sopra il composto di broccoli e mescolare. Lascia raffreddare per almeno due ore.

Prima di servire, mescolare l'insalata con la pancetta sbriciolata e i semi di girasole.

Nutrizione (per 100 g): 559 calorie 48,1 g di grassi 31 g di carboidrati 18 g di proteine 584 mg di sodio

Insalata di spinaci e fragole

Tempo di preparazione: 10 minuti

Tempo di cottura : 0 minuti

Porzioni: 4

Livello di difficoltà: facile

Ingredienti:

- 2 cucchiai di semi di sesamo
- 1 cucchiaio di semi di papavero
- 1/2 tazza di zucchero bianco
- 1/2 tazza di olio d'oliva
- 1/4 tazza di aceto bianco distillato
- 1/4 cucchiaino di paprika
- 1/4 cucchiaino di salsa Worcestershire
- 1 cucchiaio di cipolla tritata
- 10 once di spinaci freschi
- Fragole da 1 litro - pulite, mondate e affettate
- 1/4 di tazza di mandorle, sbollentate e tagliate a scaglie

Indicazioni:

In una ciotola media, sbatti insieme gli stessi semi, i semi di papavero, lo zucchero, l'olio d'oliva, l'aceto, la paprika, la salsa Worcestershire e la cipolla. Copri e lascia raffreddare per un'ora.

In una grande ciotola, incorporare gli spinaci, le fragole e le mandorle. Condire con condimento sopra l'insalata e mescolare. Mettete in frigorifero da 10 a 15 minuti prima di servire.

Nutrizione (per 100 g): 491 calorie 35,2 g di grassi 42,9 g di carboidrati 6 g di proteine 691 mg di sodio

Insalata di pere con formaggio Roquefort

Tempo di preparazione: 20 minuti

Tempo di cottura : 10 minuti

Porzioni: 2

Livello di difficoltà: medio

Ingredienti:

- 1 foglia di lattuga, tagliata a pezzetti
- 3 pere - sbucciate, private del torsolo e tagliate a cubetti
- 5 once di Roquefort, sbriciolato
- 1 avocado - sbucciato, privato dei semi e tagliato a dadini
- 1/2 tazza di cipolle verdi tritate
- 1/4 tazza di zucchero bianco
- 1/2 tazza di noci pecan
- 1/3 di tazza di olio d'oliva
- 3 cucchiai di aceto di vino rosso
- 1 cucchiaino e mezzo di zucchero bianco
- 1 1/2 cucchiaino di senape preparata
- 1/2 cucchiaino di pepe nero salato
- 1 spicchio d'aglio

Indicazioni:

Mescolare 1/4 di tazza di zucchero con le noci pecan in una padella a fuoco medio. Continuare a mescolare delicatamente fino a quando lo zucchero caramellato con le noci pecan. Trasferisci con cautela i dadi su carta oleata. Lascia raffreddare e rompi a pezzi.

Mescolare per la vinaigrette olio, marinata, 1 cucchiaino e mezzo di zucchero, senape, aglio tritato, sale e pepe.

In una ciotola profonda, unisci lattuga, pere, formaggio blu, avocado e cipolle verdi. Mettere la vinaigrette sull'insalata, cospargere di noci pecan e servire.

Nutrizione (per 100 g): 426 calorie 31,6 g di grassi 33,1 g di carboidrati 8 g di proteine 481 mg di sodio

Insalata di Fagioli Messicani

Tempo di preparazione: 15 minuti

Tempo di cottura : 0 minuti

Porzioni: 6

Livello di difficoltà: facile

Ingredienti:

- 1 lattina di fagioli neri (15 once), scolati
- 1 lattina di fagioli rossi (15 once), scolati
- 1 lattina di fagioli bianchi (15 once), scolati
- 1 peperone verde, tritato
- 1 peperone rosso, tritato
- 1 confezione di chicchi di mais congelati
- 1 cipolla rossa, tritata
- 2 cucchiai di succo di lime fresco
- 1/2 tazza di olio d'oliva
- 1/2 tazza di aceto di vino rosso
- 1 cucchiaio di succo di limone
- 1 cucchiaio di sale
- 2 cucchiai di zucchero bianco
- 1 spicchio d'aglio schiacciato
- 1/4 tazza di coriandolo tritato
- 1/2 cucchiaio di cumino macinato
- 1/2 cucchiaio di pepe nero macinato
- 1 pizzico di salsa di peperoncino

- 1/2 cucchiaino di peperoncino in polvere

Indicazioni:

Unisci fagioli, peperoni, mais congelato e cipolla rossa in una grande ciotola. Unisci olio d'oliva, succo di lime, aceto di vino rosso, succo di limone, zucchero, sale, aglio, coriandolo, cumino e pepe nero in una piccola ciotola - condisci con salsa piccante e peperoncino in polvere.

Versare la vinaigrette con olio d'oliva sulle verdure; mescolare bene. Raffreddare bene e servire freddo.

Nutrizione (per 100 g): 334 calorie 14,8 g di grassi 41,7 g di carboidrati 11,2 g di proteine 581 mg di sodio

Insalata di Melone

Tempo di preparazione: 20 minuti

Tempo di cottura : 0 minuti

Porzioni: 6

Livello di difficoltà: medio

Ingredienti:

- ¼ di cucchiaino di sale marino
- ¼ di cucchiaino di pepe nero
- 1 cucchiaio di aceto balsamico
- 1 melone, tagliato in quarti e senza semi
- 12 angurie, piccole e senza semi
- 2 tazze di mozzarella, fresca
- 1/3 di tazza di basilico, fresco e spezzettato
- 2 cucchiai. olio d'oliva

Indicazioni:

Raschiare le palline di melone e metterle in uno scolapasta sopra una ciotola da portata. Usa il tuo melone baller per tagliare anche l'anguria, quindi mettili dentro con il tuo melone.

Lascia scolare la frutta per dieci minuti, quindi conserva in frigorifero il succo per un'altra ricetta. Può anche essere aggiunto ai frullati. Pulisci la ciotola e poi mettici dentro la frutta.

Aggiungere il basilico, l'olio, l'aceto, la mozzarella e i pomodori prima di condire con sale e pepe. Mescolare delicatamente e servire immediatamente o freddo.

Nutrizione (per 100 g): 218 calorie 13 g di grassi 9 g di carboidrati 10 g di proteine 581 mg di sodio

Insalata di Sedano all'arancia

Tempo di preparazione: 15 minuti

Tempo di cottura : 0 minuti

Porzioni: 6

Livello di difficoltà: facile

Ingredienti:

- 1 cucchiaio di succo di limone, fresco
- ¼ di cucchiaino di sale marino, fine
- ¼ di cucchiaino di pepe nero
- 1 cucchiaio di salamoia di olive
- 1 cucchiaio di olio d'oliva
- ¼ di tazza di cipolla rossa, affettata
- ½ tazza di olive verdi
- 2 arance, sbucciate e affettate
- 3 gambi di sedano, tagliati in diagonale a fette da ½ pollice

Indicazioni:

Metti le arance, le olive, la cipolla e il sedano in una ciotola poco profonda. In un'altra ciotola sbatti l'olio, la salamoia e il succo di limone, versali sopra l'insalata. Condite con sale e pepe prima di servire.

Nutrizione (per 100 g): 65 calorie 7 g di grassi 9 g di carboidrati 2 g di proteine 614 mg di sodio

Insalata di Broccoli Arrosto

Tempo di preparazione: 20 minuti

Tempo di cottura : 10 minuti

Porzioni: 4

Livello di difficoltà: difficile

Ingredienti:

- 1 libbra di broccoli, tagliati a cimette e gambo affettato
- 3 cucchiai di olio d'oliva, diviso
- 1 pinta di pomodorini
- 1 cucchiaino e mezzo di miele, crudo e diviso
- 3 tazze di pane a cubetti, integrale
- 1 cucchiaio di aceto balsamico
- ½ cucchiaino di pepe nero
- ¼ di cucchiaino di sale marino, fine
- parmigiano grattugiato per servire

Indicazioni:

Preparate il forno a 450 gradi, quindi tirate fuori una teglia da forno bordata. Mettilo in forno a scaldare. Condisci i broccoli con un cucchiaio di olio e mescola per ricoprire.

Rimuovere la teglia dal forno e versarvi sopra i broccoli. Lasciare l'olio sul fondo della ciotola, aggiungere i pomodori, mescolare per ricoprire e poi condire i pomodori con un cucchiaio di miele. Versali sulla stessa teglia dei broccoli.

Cuocere per quindici minuti e mescolare a metà cottura. Aggiungi il tuo pane e poi arrostisci per altri tre minuti. Sbatti due cucchiai di olio, l'aceto e il miele rimanente. Condire con sale e pepe. Versalo sul mix di broccoli per servire.

Nutrizione (per 100 g): 226 calorie 12 g di grassi 26 g di carboidrati 7 g di proteine 581 mg di sodio

Insalata di pomodoro

Tempo di preparazione: 20 minuti

Tempo di cottura : 0 minuti

Porzioni: 4

Livello di difficoltà: facile

Ingredienti:

- 1 cetriolo, affettato
- ¼ di tazza di pomodori secchi, tritati
- 1 libbra di pomodori, a cubetti
- ½ tazza di olive nere
- 1 cipolla rossa, affettata
- 1 cucchiaio di aceto balsamico
- ¼ di tazza di prezzemolo, fresco e tritato
- 2 cucchiai di olio d'oliva
- sale marino e pepe nero qb

Indicazioni:

Prendi una ciotola e unisci tutte le verdure insieme. Per preparare il tuo condimento mescola tutto il condimento, l'olio d'oliva e l'aceto. Condisci con l'insalata e servi fresca.

Nutrizione (per 100 g): 126 calorie 9,2 g di grassi 11,5 g di carboidrati 2,1 g di proteine 681 mg di sodio

Insalata di Barbabietole e Feta

Tempo di preparazione: 15 minuti

Tempo di cottura : 0 minuti

Porzioni: 4

Livello di difficoltà: facile

Ingredienti:

- 6 barbabietole rosse, cotte e pelate
- 3 once di formaggio feta, a cubetti
- 2 cucchiai di olio d'oliva
- 2 cucchiai di aceto balsamico

Indicazioni:

Unisci tutto insieme e poi servi.

Nutrizione (per 100 g): 230 calorie 12 g di grassi 26,3 g di carboidrati 7,3 g di proteine 614 mg di sodio

Cavolfiore e insalata di pomodori

Tempo di preparazione: 15 minuti

Tempo di cottura : 0 minuti

Porzioni: 4

Livello di difficoltà: facile

Ingredienti:

- 1 testa di cavolfiore, tritato
- 2 cucchiai di prezzemolo, fresco e tritato
- 2 tazze di pomodorini, tagliati a metà
- 2 cucchiai di succo di limone, fresco
- 2 cucchiai di pinoli
- sale marino e pepe nero qb

Indicazioni:

Mescola il succo di limone, i pomodorini, il cavolfiore e il prezzemolo e condisci. Completare con i pinoli e mescolare bene prima di servire.

Nutrizione (per 100 g): 64 calorie 3,3 g di grassi 7,9 g di carboidrati 2,8 g di proteine 614 mg di sodio

Pilaf con crema di formaggio

Tempo di preparazione: 20 minuti

Tempo di cottura : 10 minuti

Porzioni: 6

Livello di difficoltà: medio

Ingredienti:

- 2 tazze di riso giallo a grani lunghi, scottato
- 1 tazza di cipolla
- 4 cipolle verdi
- 3 cucchiai di burro
- 3 cucchiai di brodo vegetale
- 2 cucchiaini di pepe di Caienna
- 1 cucchiaino di paprika
- ½ cucchiaino di chiodi di garofano, tritati
- 2 cucchiai di foglie di menta, fresche e tritate
- 1 mazzetto di foglie di menta fresca per guarnire
- 1 cucchiaio di olio d'oliva
- sale marino e pepe nero qb
- Crema di formaggio:
- 3 cucchiai di olio d'oliva
- sale marino e pepe nero qb
- 9 once di crema di formaggio

Indicazioni:

Preparate il forno a 360 gradi, quindi tirate fuori una teglia.

Riscalda il burro e l'olio d'oliva e cuoci le cipolle e i cipollotti per due minuti.

Aggiungere il sale, il pepe, la paprika, i chiodi di garofano, il brodo vegetale, il riso e il condimento rimanente. Rosolare per tre minuti.

Avvolgere con un foglio e cuocere per un'altra mezz'ora. Lascia che si raffreddi.

Mescolare la crema di formaggio, il formaggio, l'olio d'oliva, il sale e il pepe. Servi il tuo pilaf guarnito con foglie di menta fresca.

Nutrizione (per 100 g): 364 calorie 30 g di grassi 20 g di carboidrati 5 g di proteine 511 mg di sodio

Insalata di Melanzane Arrosto

Tempo di preparazione: 10 minuti

Tempo di cottura : 20 minuti

Porzioni: 6

Livello di difficoltà: facile

Ingredienti:

- 1 cipolla rossa, affettata
- 2 cucchiai di prezzemolo, fresco e tritato
- 1 cucchiaino di timo
- 2 tazze di pomodorini, tagliati a metà
- sale marino e pepe nero qb
- 1 cucchiaino di origano
- 3 cucchiai di olio d'oliva
- 1 cucchiaino di basilico
- 3 melanzane, pelate e tagliate a cubetti

Indicazioni:

Inizia riscaldando il forno a 350. Condisci le melanzane con basilico, sale, pepe, origano, timo e olio d'oliva. Adagiatelo su una teglia e infornate per mezz'ora. Condisci con gli ingredienti rimanenti prima di servire.

Nutrizione (per 100 g): 148 calorie 7,7 g di grassi 20,5 g di carboidrati 3,5 g di proteine 660 mg di sodio

Verdure Arrostite

Tempo di preparazione: 5 minuti

Tempo di cottura : 15 minuti

Porzioni: 12

Livello di difficoltà: facile

Ingredienti:

- 6 spicchi d'aglio
- 6 cucchiai di olio d'oliva
- 1 finocchio, tagliato a dadini
- 1 zucchina, a dadini
- 2 peperoni rossi, tagliati a dadini
- 6 patate, grandi e tagliate a cubetti
- 2 cucchiaini di sale marino
- ½ tazza di aceto balsamico
- ¼ di tazza di rosmarino, tritato e fresco
- 2 cucchiaini di brodo vegetale in polvere

Indicazioni:

Inizia riscaldando il forno a 400. Metti le patate, i finocchi, le zucchine, l'aglio e il finocchio su una pirofila, irrorando con olio d'oliva. Cospargere di sale, brodo in polvere e rosmarino. Mescolare bene, quindi infornare a 450 per trenta-quaranta minuti. Mescola l'aceto alle verdure prima di servire.

Nutrizione (per 100 g): 675 calorie 21 g di grassi 112 g di carboidrati 13 g di proteine 718 mg di sodio

Insalata di Rucola al Pistacchio

Tempo di preparazione: 20 minuti

Tempo di cottura : 0 minuti

Porzioni: 6

Livello di difficoltà: facile

Ingredienti:

- 6 tazze di cavolo nero, tritato
- ¼ di tazza di olio d'oliva
- 2 cucchiai di succo di limone, fresco
- ½ cucchiaino di paprika affumicata
- 2 tazze di rucola
- 1/3 di tazza di pistacchi, non salati e sgusciati
- 6 cucchiai di parmigiano grattugiato

Indicazioni:

Prendi un'insalatiera e unisci olio, limone, paprika affumicata e cavolo. Massaggia delicatamente le foglie per mezzo minuto. Il tuo cavolo dovrebbe essere ben ricoperto. Quando sei pronto per servire, mescola delicatamente rucola e pistacchi.

Nutrizione (per 100 g): 150 calorie 12 g di grassi 8 g di carboidrati 5 g di proteine 637 mg di sodio

Risotto all'orzo al parmigiano

Tempo di preparazione: 10 minuti

Tempo di cottura : 20 minuti

Porzioni: 6

Livello di difficoltà: difficile

Ingredienti:

- 1 tazza di cipolla gialla, tritata
- 1 cucchiaio di olio d'oliva
- 4 tazze di brodo vegetale, a basso contenuto di sodio
- 2 tazze di orzo perlato, crudo
- ½ bicchiere di vino bianco secco
- 1 tazza di parmigiano, grattugiato finemente e diviso
- sale marino e pepe nero qb
- erba cipollina fresca, tritata per servire
- spicchi di limone per servire

Indicazioni:

Aggiungi il brodo in una casseruola e portalo a ebollizione a fuoco medio-alto. Prendi una pentola e mettila a fuoco medio-alto. Riscalda l'olio prima di aggiungere la cipolla. Cuocere per otto minuti e mescolare di tanto in tanto. Aggiungi l'orzo e cuoci per altri due minuti. Incorporare l'orzo, cuocendo fino a quando non è tostato.

Bagnare con il vino, cuocendo ancora per un minuto. La maggior parte del liquido dovrebbe essere evaporata prima di aggiungere una tazza di brodo caldo. Cuocere e mescolare per due minuti. Il tuo liquido dovrebbe essere assorbito. Aggiungere il brodo rimanente dalla tazza e cuocere fino a quando una tazza non viene assorbita. Dovrebbero essere necessari circa due minuti ogni volta.

Togliere dal fuoco, aggiungere mezza tazza di formaggio e guarnire con il formaggio rimasto, l'erba cipollina e gli spicchi di limone.

Nutrizione (per 100 g): 345 calorie 7 g di grassi 56 g di carboidrati 14 g di proteine 912 mg di sodio

Insalata di frutti di mare e avocado

Tempo di preparazione: 10 minuti

Tempo di cottura : 0 minuti

Porzioni: 4

Livello di difficoltà: facile

Ingredienti:

- 2 libbre salmone, cotto e tritato
- 2 libbre gamberetti, cotti e tritati
- 1 tazza di avocado, tritato
- 1 tazza di maionese
- 4 cucchiai di succo di lime, fresco
- 2 spicchi d'aglio
- 1 tazza di panna acida
- sale marino e pepe nero qb
- ½ cipolla rossa, tritata
- 1 tazza di cetriolo, tritato

Indicazioni:

Inizia tirando fuori una ciotola e unisci aglio, sale, pepe, cipolla, maionese, panna acida e succo di lime,

Prendi una ciotola diversa e mescola il salmone, i gamberetti, il cetriolo e l'avocado.

Aggiungi la miscela di maionese ai gamberetti e lascia riposare per venti minuti in frigorifero prima di servire.

Nutrizione (per 100 g): 394 calorie 30 g di grassi 3 g di carboidrati 27 g di proteine 815 mg di sodio

Insalata di Gamberetti Mediterranea

Tempo di preparazione: 40 minuti

Tempo di cottura : 0 minuti

Porzioni: 6

Livello di difficoltà: facile

Ingredienti:

- 1 ½ libbre. gamberetti, puliti e cotti
- 2 gambi di sedano, freschi
- 1 cipolla
- 2 cipolle verdi
- 4 uova, bollite
- 3 patate, cotte
- 3 cucchiai di maionese
- sale marino e pepe nero qb

Indicazioni:

Inizia affettando le patate e tritando il sedano. Affetta le uova e condisci. Mescola tutto insieme. Metti i gamberi sulle uova e servi con cipolla e cipolle verdi.

Nutrizione (per 100 g): 207 calorie 6 g di grassi 15 g di carboidrati 17 g di proteine 664 mg di sodio

Insalata di Pasta di Ceci

Tempo di preparazione: 10 minuti

Tempo di cottura : 15 minuti

Porzioni: 6

Livello di difficoltà: medio

Ingredienti:

- 2 cucchiai di olio d'oliva
- 16 once di pasta con rotelle
- ½ tazza di olive stagionate, tritate
- 2 cucchiai di origano, fresco e tritato
- 2 cucchiai di prezzemolo, fresco e tritato
- 1 mazzo di cipolle verdi, tritate
- ¼ di tazza di aceto di vino rosso
- 15 once di ceci in scatola, scolati e sciacquati
- ½ tazza di parmigiano grattugiato
- sale marino e pepe nero qb

Indicazioni:

Bollire l'acqua e mettere la pasta al dente e seguire le istruzioni riportate sulla confezione. Scolatela e risciacquatela con acqua fredda.

Prendi una padella e scalda l'olio d'oliva a fuoco medio. Aggiungi lo scalogno, i ceci, il prezzemolo, l'origano e le olive. Abbassare la fiamma e rosolare per altri venti minuti. Lascia raffreddare questa miscela.

Condisci il composto di ceci con la pasta e aggiungi il formaggio grattugiato, il sale, il pepe e l'aceto. Lascia raffreddare per quattro ore o durante la notte prima di servire.

Nutrizione (per 100 g): 424 calorie 10 g di grassi 69 g di carboidrati 16 g di proteine 714 mg di sodio

Saltato in padella mediterraneo

Tempo di preparazione: 10 minuti

Tempo di cottura : 30 minuti

Porzioni: 4

Livello di difficoltà: medio

Ingredienti:

- 2 zucchine
- 1 cipolla
- ¼ di cucchiaino di sale marino
- 2 spicchi d'aglio
- 3 cucchiaini di olio d'oliva, divisi
- 1 libbra di petto di pollo, disossato
- 1 tazza di orzo a cottura rapida
- 2 tazze d'acqua
- ¼ di cucchiaino di pepe nero
- 1 cucchiaino di origano
- ¼ di cucchiaino di fiocchi di peperone rosso
- ½ cucchiaino di basilico
- 2 pomodori datterini
- ½ tazza di olive greche, snocciolate
- 1 cucchiaio di prezzemolo, fresco

Indicazioni:

Inizia rimuovendo la pelle dal pollo, quindi taglialo in pezzi più piccoli. Tritate l'aglio e il prezzemolo, quindi tritate le olive, le zucchine, i pomodori e le cipolle. Prendi una casseruola e porta l'acqua a ebollizione. Mescola l'orzo, lasciandolo sobbollire per otto-dieci minuti.

Spegni il fuoco. Lascia riposare per cinque minuti. Prendi una padella e aggiungi due cucchiaini di olio d'oliva. Mescola il pollo quando è caldo, quindi rimuovilo dal fuoco. Cuoci la cipolla nell'olio rimasto. Mescola gli altri ingredienti e cuoci per altri 3-5 minuti. Servire caldo.

Nutrizione (per 100 g): 337 calorie 8,6 g di grassi 32,3 g di carboidrati 31,7 g di proteine 517 mg di sodio

Insalata Balsamica di Cetrioli

Tempo di preparazione: 15 minuti

Tempo di cottura : 0 minuti

Porzioni: 4

Livello di difficoltà: facile

Ingredienti:

- 2/3 cetriolo inglese grande, tagliato a metà e affettato
- 2/3 cipolla rossa media, tagliata a metà e affettata sottilmente
- 5 1/2 cucchiai di aceto balsamico
- 1 tazza e 1/3 di pomodorini dimezzati
- 1/2 tazza di feta a ridotto contenuto di grassi sbriciolata

Indicazioni:

In una grande ciotola, mescola cetriolo, pomodori e cipolla.

Aggiungere la vinaigrette; gettare al rivestimento. Mettete in

frigorifero, coperto, fino a servire. Appena prima di servire,

incorporare il formaggio. Servire con un cucchiaino forato.

Nutrizione (per 100 g): 250 calorie 12 g di grassi 15 g di

carboidrati 34 g di proteine 633 mg di sodio

Tortini di Kefta di manzo con insalata di cetrioli

Tempo di preparazione: 10 minuti

Tempo di cottura : 15 minuti

Porzioni: 2

Livello di difficoltà: difficile

Ingredienti:

- spray da cucina
- Controfiletto di terra da 1/2 libbra
- 2 cucchiai più 2 cucchiai di prezzemolo fresco a foglia piatta tritato, diviso
- 1 cucchiaino e mezzo di zenzero fresco sbucciato tritato
- 1 cucchiaino di coriandolo macinato
- 2 cucchiai di coriandolo fresco tritato
- 1/4 cucchiaino di sale
- 1/2 cucchiaino di cumino macinato
- 1/4 cucchiaino di cannella in polvere
- 1 tazza di cetrioli inglesi tagliati a fettine sottili
- 1 cucchiaio di aceto di riso
- 1/4 tazza di yogurt greco senza grassi
- 1 cucchiaino e mezzo di succo di limone fresco
- 1/4 cucchiaino di pepe nero appena macinato
- 1 focaccia (6 pollici), tagliata in quarti

Indicazioni:

Scaldare una padella alla griglia a fuoco medio-alto. Rivestire la padella con uno spray da cucina. Unisci la carne di manzo, 1/4 di bicchiere di prezzemolo, coriandolo e i successivi 5 elementi in una ciotola media. Dividi la combinazione in 4 porzioni uguali, modellando ciascuna in un tortino spesso 1/2 pollice. Aggiungere i tortini alla padella; cuocere entrambi i lati fino al grado di cottura desiderato.

Mescolare il cetriolo e l'aceto in una ciotola media; lanciare bene. Unisci lo yogurt magro, i 2 cucchiai rimanenti di prezzemolo, succo e pepe in una piccola ciotola; mescolate con una frusta. Prepara 1 tortino e 1/2 tazza di miscela di cetrioli su ciascuna di 4 porcellane. Completa ogni offerta con circa 2 cucchiai di spezie allo yogurt. Servire ciascuno con 2 spicchi di pita.

Nutrizione (per 100 g): 116 calorie 5 g di grassi 11 g di carboidrati 28 g di proteine 642 mg di sodio

Insalata di pollo e cetrioli con pesto di prezzemolo

Tempo di preparazione: 15 minuti

Tempo di cottura : Cinque minuti

Porzioni: 8

Livello di difficoltà: facile

Ingredienti:

- 2 2/3 tazze di foglie di prezzemolo fresche a foglia piatta confezionate
- 1 1/3 di tazza di spinaci baby freschi
- 1 cucchiaio e mezzo di pinoli tostati
- 1 cucchiaio e mezzo di parmigiano grattugiato
- 2 cucchiai e mezzo di succo di limone fresco
- 1 cucchiaino e 1/3 di sale kosher
- 1/3 cucchiaino di pepe nero
- 1 1/3 di spicchi d'aglio medi, schiacciati
- 2/3 di tazza di olio extravergine di oliva
- 5 1/3 tazze di pollo al girarrosto sminuzzato (da 1 pollo)
- 2 2/3 tazze di edamame sgusciato cotto
- 1 1/2 lattine 1 (15 once) di ceci non salati, scolati e risciacquati
- 1 tazza e 1/3 di cetrioli inglesi tritati
- 5 1/3 tazze di rucola sciolta

Indicazioni:

Unire prezzemolo, spinaci, succo di limone, pinoli, formaggio, aglio, sale e pepe nel robot da cucina; processo circa 1 minuto. Con il processore in funzione, aggiungere olio; processo fino a che liscio, circa 1 minuto.

Mescola il pollo, l'edamame, i ceci e il cetriolo in una ciotola capiente. Aggiungere il pesto; mescolare per combinare.

Mettere 2/3 di tazza di rucola in ciascuna delle 6 ciotole; guarnire ciascuno con 1 tazza di miscela di insalata di pollo. Servite subito.

Nutrizione (per 100 g): 116 calorie 12 g di grassi 3 g di carboidrati 9 g di proteine 663 mg di sodio

Insalata di Rucola Facile

Tempo di preparazione: 15 minuti

Tempo di cottura : 0 minuti

Porzioni: 6

Livello di difficoltà: facile

Ingredienti:

- 6 tazze di foglie di rucola giovani, sciacquate e asciugate
- 1 1/2 tazza di pomodorini, tagliati a metà
- 6 cucchiai di pinoli
- 3 cucchiai di olio di vinaccioli o olio d'oliva
- 1 cucchiaio e mezzo di aceto di riso
- 3/8 cucchiaino di pepe nero appena macinato a piacere
- 6 cucchiai di parmigiano grattugiato
- 3/4 cucchiaino di sale qb
- 1 1/2 avocado grandi - sbucciato, snocciolato e affettato

Indicazioni:

In un piatto di plastica di grandi dimensioni con coperchio, incorporare la rucola, i pomodorini, i prodotti a base di pinoli, l'olio, l'aceto e il parmigiano. Periodo con sale e pepe per insaporire. Coprire e strizzare per mescolare.

Separare l'insalata sulla porcellana e guarnire con fette di avocado.

Nutrizione (per 100 g): 120 calorie 12 g di grassi 14 g di carboidrati 25 g di proteine 736 mg di sodio

Feta Garbanzo Bean Salad

Tempo di preparazione: 10 minuti

Tempo di cottura : 0 minuti

Porzioni: 6

Livello di difficoltà: facile

Ingredienti:

- 1 1/2 lattina (15 once) di ceci
- 1 1/2 lattine (2-1 / 4 once) di olive mature a fette, scolate
- 1 1/2 pomodori medi
- 6 cucchiai di cipolle rosse affettate sottilmente
- 2 1/4 tazze 1-1 / 2 cetrioli inglesi tritati grossolanamente
- 6 cucchiai di prezzemolo fresco tritato
- 4 1/2 cucchiai di olio d'oliva
- 3/8 cucchiaino di sale
- 1 cucchiaio e mezzo di succo di limone
- 3/16 cucchiaino di pepe
- 7 1/2 tazze di insalata mista
- 3/4 tazza di feta sbriciolata

Indicazioni:

Trasferire tutti gli ingredienti in una ciotola capiente; mescolare per combinare. Aggiungere il parmigiano.

Nutrizione (per 100 g): 140 calorie 16 g di grassi 10 g di carboidrati 24 g di proteine 817 mg di sodio

Ciotole greche per riso integrale e selvatico

Tempo di preparazione: 15 minuti

Tempo di cottura : Cinque minuti

Porzioni: 4

Livello di difficoltà: facile

Ingredienti:

- 2 confezioni (8-1 / 2 once) misto di riso integrale e selvatico pronto da servire
- 1 avocado medio maturo, sbucciato e affettato
- 1 1/2 tazza di pomodorini, tagliati a metà
- 1/2 tazza di vinaigrette greca, divisa
- 1/2 tazza di formaggio feta sbriciolato
- 1/2 tazza di olive greche snocciolate, affettate
- prezzemolo fresco tritato, facoltativo

Indicazioni:

In una pirofila adatta al microonde, mescolare la miscela di cereali e 2 cucchiai di vinaigrette. Coprire e cuocere a fuoco alto finché non si è riscaldato, circa 2 minuti. Dividi tra 2 ciotole. Ottimo con avocado, verdure al pomodoro, formaggio, olive, condimento avanzato e, se lo si desidera, prezzemolo.

Nutrizione (per 100 g): 116 calorie 10 g di grassi 9 g di carboidrati 26 g di proteine 607 mg di sodio

Insalata greca

Tempo di preparazione: 10 minuti

Tempo di cottura : 0 minuti

Porzioni: 4

Livello di difficoltà: facile

Ingredienti:

- 2 cucchiai e mezzo di prezzemolo fresco tritato grossolanamente
- 2 cucchiai di aneto fresco tritato grossolanamente
- 2 cucchiaini di succo di limone fresco
- 2/3 cucchiaino di origano essiccato
- 2 cucchiaini di olio extravergine di oliva
- 4 tazze di lattuga romana grattugiata
- 2/3 di tazza di cipolle rosse affettate sottilmente
- 1/2 tazza di formaggio feta sbriciolato
- 2 tazze di pomodori a cubetti
- 2 cucchiaini di capperi
- 2/3 di cetriolo, sbucciato, tagliato in quattro per il lungo e affettato sottilmente
- 2/3 (19 once) possono ceci, scolati e sciacquati
- 4 (6 pollici) focacce integrali, ciascuna tagliata in 8 spicchi

Indicazioni:

Unisci le prime 5 sostanze in un piatto di grandi dimensioni; mescolate con una frusta. Aggiungere un membro della famiglia della lattuga e i successivi 6 ingredienti (lattuga attraverso i ceci); lanciare bene. Servire con spicchi di pita.

Nutrizione (per 100 g): 103 calorie 12 g di grassi 8 g di carboidrati 36 g di proteine 813 mg di sodio

Ippoglosso con insalata di limone e finocchio

Tempo di preparazione: 15 minuti

Tempo di cottura : Cinque minuti

Porzioni: 2

Livello di difficoltà: medio

Ingredienti:

- 1/2 cucchiaino di coriandolo macinato
- 1/4 cucchiaino di sale
- 1/8 cucchiaino di pepe nero appena macinato
- 2 1/2 cucchiaini di olio extravergine di oliva, diviso
- 1/4 cucchiaino di cumino macinato
- 1 spicchio d'aglio, tritato
- 2 (6 once) filetti di halibut
- 1 tazza di finocchio
- 2 cucchiai di cipolle rosse affettate verticalmente
- 1 cucchiaio di succo di limone fresco
- 1 cucchiaino e mezzo di prezzemolo tritato
- 1/2 cucchiaino di foglie di timo fresco

Indicazioni:

Unisci le prime 4 sostanze in un piattino. Unisci 1/2 cucchiaino di miscela di spezie, 2 cucchiaini di olio e l'aglio in una piccola ciotola; strofinare uniformemente la miscela di spicchi d'aglio sul pesce. Scaldare 1 cucchiaino di olio in una padella antiaderente di grandi dimensioni a temperatura medio-alta. Aggiungere il pesce alla padella; cuocere 5 minuti per lato o fino al livello di cottura desiderato.

Unire i restanti 3/4 di cucchiaino di miscela di spezie, i restanti 2 cucchiaini di olio, la lampadina di finocchio e le sostanze rimanenti in una ciotola media, mescolando bene per ricoprire. Fornisci insalata con frutti di mare.

Nutrizione (per 100 g): 110 calorie 9 g di grassi 11 g di carboidrati 29 g di proteine 558 mg di sodio

Insalata di pollo greca alle erbe

Tempo di preparazione: 10 minuti

Tempo di cottura : 10 minuti

Porzioni: 2

Livello di difficoltà: medio

Ingredienti:

- 1/2 cucchiaino di origano essiccato
- 1/4 cucchiaino di aglio in polvere
- 3/8 cucchiaino di pepe nero, diviso
- spray da cucina
- Petti di pollo disossati e senza pelle da 1/2 libbra, tagliati a cubetti da 1 pollice
- 1/4 cucchiaino di sale, diviso
- 1/2 tazza di yogurt magro senza grassi
- 1 cucchiaino di tahini (pasta di semi di sesamo)
- 2 1/2 cucchiaini. succo di limone fresco
- 1/2 cucchiaino di aglio tritato in bottiglia
- 4 tazze di lattuga romana tritata
- 1/2 tazza di cetrioli inglesi sbucciati e tritati
- 1/2 tazza di pomodorini, tagliati a metà
- 3 olive kalamata snocciolate, tagliate a metà
- 2 cucchiai (1 oncia) di formaggio feta sbriciolato

Indicazioni:

Unisci origano, aglio in polvere naturale, 1/2 cucchiaino di pepe e 1/4 cucchiaino di sale in una ciotola. Riscalda una padella antiaderente a fuoco medio-alto. Padella di rivestimento con spray per alimenti da cucina. Aggiungere la combinazione di pollame e spezie; rosolare fino a quando il pollame è pronto. Condire con 1 cucchiaino di succo; agitare. Togliere dalla padella.

Unisci i 2 cucchiaini rimanenti di succo, 1/4 cucchiaino di sodio rimanente, 1/4 cucchiaino rimanente di pepe, yogurt, tahini e aglio in una piccola ciotola; mescolare bene. Unisci il membro della famiglia della lattuga, il cetriolo, i pomodori e le olive. Metti 2 tazze e mezzo di miscela di lattuga su ciascuno dei 4 piatti. Completa ogni porzione con 1/2 tazza di combinazione di pollo e 1 cucchiaino di formaggio. Condisci ogni porzione con 3 cucchiai di combinazione di yogurt

Nutrizione (per 100 g): 116 calorie 11 g di grassi 15 g di carboidrati 28 g di proteine 634 mg di sodio

Insalata greca di cuscus

Tempo di preparazione: 10 minuti

Tempo di cottura : 15 minuti

Porzioni: 10

Livello di difficoltà: facile

Ingredienti:

- 1 lattina (14-1 / 2 once) di brodo di pollo a ridotto contenuto di sodio
- 1 1/2 tazze 1-3 / 4 cuscus integrale crudo (circa 11 once)
- Condimento:
- 6 1/2 cucchiai di olio d'oliva
- 1 1/4 cucchiaini 1-1 / 2 scorza di limone grattugiata
- 3 1/2 cucchiai di succo di limone
- 13/16 cucchiaino di condimenti adobo
- 3/16 cucchiaino di sale
- Insalata:
- 1 2/3 tazze di pomodorini, tagliati a metà
- 5/6 cetriolo inglese, dimezzato nel senso della lunghezza e affettato
- 3/4 di tazza di prezzemolo fresco tritato grossolanamente
- 1 lattina (6-1 / 2 once) di olive mature a fette, scolate
- 6 1/2 cucchiai di formaggio feta sbriciolato
- 3 1/3 di cipolle verdi, tritate

Indicazioni:

In una pentola abbastanza grande, portare a ebollizione il brodo. Incorporare il cuscus. Togliere dal fuoco; lasciate riposare, coperto, fino a quando il brodo non sarà assorbito, circa 5 minuti. Trasferire in un piatto abbastanza grande; raffreddare completamente.

Batti insieme le sostanze per condire. Aggiungere il cetriolo, le verdure al pomodoro, il prezzemolo, le olive e le cipolle verdi al cuscus; mescolare nel condimento. Mescolare delicatamente il formaggio. Fornire immediatamente o conservare in frigorifero e servire ghiacciato.

Nutrizione (per 100 g): 114 calorie 13 g di grassi 18 g di carboidrati 27 g di proteine 811 mg di sodio

Omelette fritte di Denver

Tempo di preparazione: 10 minuti

Tempo di cottura : 30 minuti

Porzioni: 4

Livello di difficoltà: medio

Ingredienti:

- 2 cucchiai di burro
- 1/2 cipolla, carne macinata
- 1/2 peperone verde, tritato
- 1 tazza di prosciutto cotto tritato
- 8 uova
- 1/4 tazza di latte
- 1/2 tazza di formaggio cheddar grattugiato e pepe nero macinato a piacere

Indicazioni:

Preriscalda il forno a 200 gradi. Ungere una pirofila rotonda di 10 pollici.

Sciogliere il burro a fuoco medio; cuocere e mescolare cipolla e pepe fino a renderli morbidi, circa 5 minuti. Incorporare il prosciutto e continuare a cuocere fino a quando tutto è caldo per 5 minuti.

Montare le uova e il latte in una ciotola capiente. Incorporare la miscela di formaggio cheddar e prosciutto; Condite con sale e pepe nero. Versate il composto in una pirofila. Cuocere in forno, circa 25 minuti. Servire caldo.

Nutrizione (per 100 g): 345 calorie 26,8 g di grassi 3,6 g di carboidrati 22,4 g di proteine 712 mg di sodio

Salsiccia Pan

Tempo di preparazione: 25 minuti

Tempo di cottura : 60 minuti

Porzioni: 12

Livello di difficoltà: medio

Ingredienti:

- Salsiccia per colazione alla salvia da 1 libbra,
- 3 tazze di patate grattugiate, scolate e strizzate
- 1/4 tazza di burro fuso,
- 12 oz di formaggio Cheddar grattugiato morbido
- 1/2 tazza di cipolla, grattugiata
- 1 (16 oz) piccolo contenitore di ricotta
- 6 uova giganti

Indicazioni:

Impostare il forno a 190 ° C. Ungere leggermente una pirofila quadrata da 9 x 13 pollici.

Metti la salsiccia in una padella larga. Cuocere a fuoco medio fino a che liscio. Scolare, sbriciolare e mettere da parte.

Mescolare le patate grattugiate e il burro nella teglia preparata. Ricopri il fondo e le pareti della pirofila con il composto. Unisci in una ciotola la salsiccia, il formaggio cheddar, la cipolla, la ricotta e le uova. Versare sopra il composto di patate. Lascia cuocere.

Lasciar raffreddare per 5 minuti prima di servire.

Nutrizione (per 100 g): 355 calorie 26,3 g di grassi 7,9 g di carboidrati 21,6 g di proteine 755 mg di sodio.

Gamberetti Marinati alla Griglia

Tempo di preparazione: 30 minuti

Tempo di cottura : 60 minuti

Porzioni: 6

Livello di difficoltà: facile

Ingredienti:

- 1 tazza di olio d'oliva,
- 1/4 tazza di prezzemolo fresco tritato
- 1 limone, spremuto,
- 3 spicchi d'aglio, tritati finemente
- 1 cucchiaio di passata di pomodoro
- 2 cucchiaini di origano essiccato,
- 1 cucchiaino di sale
- 2 cucchiai di salsa di peperoncino
- 1 cucchiaino di pepe nero macinato,
- 2 libbre di gamberetti, pelati e privati delle code

Indicazioni:

Unisci l'olio d'oliva, il prezzemolo, il succo di limone, la salsa piccante, l'aglio, la passata di pomodoro, l'origano, il sale e il pepe nero in una ciotola. Riservare una piccola quantità da incordare in seguito. Riempi il sacchetto di plastica grande e richiudibile con la marinata e i gamberetti. Chiudete e lasciate raffreddare per 2 ore.

Preriscalda la griglia a fuoco medio. Infila i gamberetti sugli spiedini, colpisci una volta la coda e una volta in testa. Getta la marinata.

Ungi leggermente la griglia. Cuocere i gamberi per 5 minuti per lato o fino a quando non saranno opachi, bagnarli spesso con la marinata riservata.

Nutrizione (per 100 g): 447 calorie 37,5 g di grassi 3,7 g di carboidrati 25,3 g di proteine 800 mg di sodio

Casseruola di Uova di Salsiccia

Tempo di preparazione: 20 minuti

Tempo di cottura : 1 ora e 10 minuti

Porzioni: 12

Livello di difficoltà: medio

Ingredienti:

- Salsiccia di maiale tritata finemente da 3/4 libbra
- 1 cucchiaio di burro
- 4 cipolle verdi, carne macinata
- 1/2 libbra di funghi freschi
- 10 uova sbattute
- 1 contenitore (16 grammi) di ricotta a basso contenuto di grassi
- 1 libbra di formaggio Monterey Jack, grattugiato
- 2 barattoli di peperone verde a dadini, scolati
- 1 tazza di farina, 1 cucchiaino di lievito in polvere
- 1/2 cucchiaino di sale
- 1/3 di tazza di burro fuso

Indicazioni:

Metti la salsiccia in una padella antiaderente. Cuocere a fuoco medio fino a che liscio. Scolare e mettere da parte. Sciogliere il burro in una padella, cuocere e mescolare le cipolle verdi ei funghi fino a quando non saranno morbidi.

Unisci le uova, la ricotta, il formaggio Monterey Jack e i peperoni in una grande ciotola. Mescolare le salsicce, le cipolle verdi e i funghi. Coprite e passate la notte in frigo.

Imposta il forno a 175 ° C (350 ° F). Ungere una pirofila leggera da 9 x 13 pollici.

Setacciare la farina, il lievito e il sale in una ciotola. Incorporate il burro fuso. Incorporare la miscela di farina nella miscela di uova. Versare nella teglia preparata. Cuocere fino a doratura leggermente. Lasciate riposare per 10 minuti prima di servire.

Nutrizione (per 100 g): 408 calorie 28,7 g di grassi 12,4 g di carboidrati 25,2 g di proteine 1095 mg di sodio

Frittata al Forno Quadrate

Tempo di preparazione: 15 minuti

Tempo di cottura : 30 minuti

Porzioni: 8

Livello di difficoltà: facile

Ingredienti:

- 1/4 tazza di burro
- 1 cipolla piccola, carne macinata
- 1 1/2 tazza di formaggio cheddar grattugiato
- 1 scatola di funghi a fette
- 1 lattina di olive nere prosciutto cotto (facoltativo)
- peperoni jalapeno a fette (facoltativo)
- 12 uova, uova strapazzate
- 1/2 tazza di latte
- Sale e pepe a piacere

Indicazioni:

Prepara il forno a 205 ° C. Ungere una pirofila da 9 x 13 pollici.

Cuocere il burro in una padella a fuoco medio e cuocere la cipolla fino a cottura ultimata.

Disporre il formaggio Cheddar sul fondo della teglia preparata. Strato con funghi, olive, cipolla fritta, prosciutto e peperoni jalapeno. Mescola le uova in una ciotola con latte, sale e pepe. Versare il composto di uova sugli ingredienti, ma non mescolare.

Cuocere nel forno scoperto e preriscaldato, fino a quando non scorre più liquido al centro e diventa marrone chiaro sopra. Lasciar raffreddare un po ', quindi tagliarlo a quadrati e servire.

Nutrizione (per 100 g): 344 calorie 27,3 g di grassi 7,2 g di carboidrati 17,9 g di proteine 1087 mg di sodio

Uovo sodo

Tempo di preparazione: 5 minuti

Tempo di cottura : 15 minuti

Porzioni: 8

Livello di difficoltà: facile

Ingredienti:

- 1 cucchiaio di sale
- 1/4 tazza di aceto bianco distillato
- 6 tazze d'acqua
- 8 uova

Indicazioni:

Metti il sale, l'aceto e l'acqua in una grande casseruola e porta a ebollizione a fuoco alto. Incorporate le uova una per una e fate attenzione a non dividerle. Abbassare la fiamma e cuocere a fuoco lento e cuocere per 14 minuti.

Estrarre le uova dall'acqua calda e metterle in un contenitore pieno di acqua ghiacciata o fredda. Raffreddare completamente, circa 15 minuti.

Nutrizione (per 100 g): 72 calorie 5 g di grassi 0,4 g di carboidrati 6,3 g di proteine 947 mg di sodio

Funghi con glassa di salsa di soia

Tempo di preparazione: 5 minuti

Tempo di cottura : 10 minuti

Porzioni: 2

Livello di difficoltà: medio

Ingredienti:

- 2 cucchiai di burro
- 1 confezione da 8 once di funghi bianchi affettati
- 2 spicchi d'aglio, tritati
- 2 cucchiaini di salsa di soia
- pepe nero macinato qb

Indicazioni:

Cuocere il burro in una padella antiaderente a fuoco medio; incorporare i funghi; cuocere e mescolare fino a quando i funghi saranno morbidi e rilasciati circa 5 minuti. Incorporare l'aglio; continuare la cottura e mescolare per 1 minuto. Versare la salsa di soia; cuocere i funghi nella salsa di soia fino a quando il liquido sarà evaporato, circa 4 minuti.

Nutrizione (per 100 g): 135 calorie 11,9 g di grassi 5,4 g di carboidrati

Uova Di Peperoni

Tempo di preparazione: 10 minuti

Tempo di cottura : 20 minuti

Porzioni: 2

Livello di difficoltà: medio

Ingredienti:

- 1 tazza di sostituto dell'uovo
- 1 uovo
- 3 cipolle verdi, carne macinata
- 8 fette di peperoni a dadini
- 1/2 cucchiaino di aglio in polvere
- 1 cucchiaino di burro fuso
- 1/4 tazza di formaggio romano grattugiato
- sale e pepe nero macinato qb

Indicazioni:

Unisci il sostituto dell'uovo, l'uovo, le cipolle verdi, le fette di peperoni e l'aglio in polvere in una ciotola.

Cuocere il burro in una padella antiaderente a fuoco basso; Aggiungere il composto di uova, sigillare la padella e cuocere per 10-15 minuti. Cospargere le uova di Romano e condire con sale e pepe.

Nutrizione (per 100 g): 266 calorie 16,2 g di grassi 3,7 g di carboidrati 25,3 g di proteine 586 mg di sodio

Cupcakes all'uovo

Tempo di preparazione: 15 minuti

Tempo di cottura : 20 minuti

Porzioni: 6

Livello di difficoltà: medio

Ingredienti:

- 1 confezione di pancetta (12 once)
- 6 uova
- 2 cucchiai di latte
- 1/4 cucchiaino di sale
- 1/4 cucchiaino di pepe nero macinato
- 1 c. Burro fuso
- 1/4 cucchiaino. Prezzemolo secco
- 1/2 tazza di prosciutto
- 1/4 tazza di mozzarella
- 6 fette di gouda

Indicazioni:

Prepara il forno a 175 ° C. Cuocere la pancetta a fuoco medio, finché non inizia a dorarsi. Asciugare le fette di pancetta con carta da cucina.

Sistemate le fette di pancetta nelle 6 tazze della teglia antiaderente per muffin. Affetta la restante pancetta e mettila sul fondo di ogni tazza.

Mescola uova, latte, burro, prezzemolo, sale e pepe. Aggiungere il prosciutto e la mozzarella.

Riempite le coppe con il composto di uova; guarnire con formaggio Gouda.

Cuocere nel forno preriscaldato fino a quando il formaggio Gouda si è sciolto e le uova sono tenere per circa 15 minuti.

Nutrizione (per 100 g): 310 calorie 22,9 g di grassi 2,1 g di carboidrati 23,1 g di proteine 988 mg di sodio.

Uova di dinosauro

Tempo di preparazione: 20 minuti

Tempo di cottura : 15 minuti

Porzioni: 4

Livello di difficoltà: difficile

Ingredienti:

- Salsa di senape:
- 1/4 tazza di senape grossolana
- 1/4 tazza di yogurt greco
- 1 cucchiaino di aglio in polvere
- 1 pizzico di pepe di Caienna
- Uova:
- 2 uova sbattute
- 2 tazze di purè di patate in fiocchi
- 4 uova sode, sbucciate
- 1 lattina (15 oz) di manzo tritato HORMEL® Mary Kitchen® lattina tritata finemente
- 2 litri di olio vegetale per friggere

Indicazioni:

Unisci la senape vecchio stile, lo yogurt greco, l'aglio in polvere e il pepe di Caienna in una piccola ciotola fino a che liscio.

Trasferite le 2 uova sbattute in una pirofila bassa; mettere i fiocchi di patate in un piatto basso separato.

Dividete la carne macinata in 4 porzioni. Formare carne di manzo salata attorno a ogni uovo fino a quando non è completamente avvolto.

Immergere le uova avvolte nell'uovo sbattuto e spennellarle con il purè di patate fino a coprirle.

Versare l'olio in una casseruola capiente e scaldare a 190 ° C (375 ° F).

Mettere 2 uova nell'olio caldo e infornare per 3-5 minuti fino a quando non diventano dorate. Rimuovere con una goccia di cucchiaio e disporli su un piatto rivestito con carta da cucina. Ripeti l'operazione con le restanti 2 uova.

Tagliare nel senso della lunghezza e servire con una salsa alla senape.

Nutrizione (per 100 g): 784 calorie 63,2 g di grassi 34 g di carboidrati

Frittata di aneto e pomodoro

Tempo di preparazione: 10 minuti

Tempo di cottura : 35 minuti

Porzioni: 6

Livello di difficoltà: medio

Ingredienti:

- Pepe e sale qb
- 1 cucchiaino di fiocchi di peperone rosso
- 2 spicchi d'aglio, tritati
- ½ tazza di formaggio di capra sbriciolato - facoltativo
- 2 cucchiai di erba cipollina fresca, tritata
- 2 cucchiai di aneto fresco, tritato
- 4 pomodori, tagliati a dadini
- 8 uova, sbattute
- 1 cucchiaino di olio di cocco

Indicazioni:

Ungere una teglia rotonda da 9 pollici e preriscaldare il forno a 325oF.

In una ciotola capiente, mescolate bene tutti gli ingredienti e versateli nella padella preparata.

Mettere nel forno e cuocere fino a quando la metà è cotta per circa 30-35 minuti.

Sfornare e guarnire con altra erba cipollina e aneto.

Nutrizione (per 100 g): 149 calorie 10,28 g di grassi 9,93 g di carboidrati 13,26 g di proteine 523 mg di sodio

Frittelle Paleo Mandorle e Banane

Tempo di preparazione: 10 minuti

Tempo di cottura : 10 minuti

Porzioni: 3

Livello di difficoltà: medio

Ingredienti:

- ¼ di tazza di farina di mandorle
- ½ cucchiaino di cannella in polvere
- 3 uova
- 1 banana, schiacciata
- 1 cucchiaio di burro di mandorle
- 1 cucchiaino di estratto di vaniglia
- 1 cucchiaino di olio d'oliva
- Banana a fette per servire

Indicazioni:

Montare le uova in una ciotola fino a renderle spumose. In un'altra ciotola, schiacciare la banana con una forchetta e aggiungerla al composto di uova. Aggiungere la vaniglia, il burro di mandorle, la cannella e la farina di mandorle. Mescolare fino a ottenere una pastella liscia. Riscaldare l'olio d'oliva in una padella. Aggiungere un cucchiaio di pastella e friggerle su entrambi i lati.

Continua a fare questi passaggi finché non hai finito con tutta la pastella.

Aggiungere un po 'di banana a fette sopra prima di servire.

Nutrizione (per 100 g): 306 calorie 26 g di grassi 3,6 g di carboidrati 14,4 g di proteine 588 mg di sodio

Zucchine all'uovo

Tempo di preparazione: 5 minuti

Tempo di cottura : 10 minuti

Porzioni: 2

Livello di difficoltà: facile

Ingredienti:

- 1 cucchiaio e mezzo di olio d'oliva
- 2 zucchine grandi, tagliate a pezzi grandi
- sale e pepe nero macinato qb
- 2 uova grandi
- 1 cucchiaino d'acqua, o se lo desideri

Indicazioni:

Cuocere l'olio in una padella antiaderente a fuoco medio; Rosolare le zucchine fino a renderle morbide, circa 10 minuti. Condisci bene le zucchine.

Sferza le uova usando una forchetta in una ciotola. Versare l'acqua e sbattere fino a quando tutto è ben amalgamato. Versare le uova sulle zucchine; far bollire e mescolare fino a quando le uova strapazzate non scorrono più, circa 5 minuti. Condire bene le zucchine e le uova.

Nutrizione (per 100 g): 213 calorie 15,7 g di grassi 11,2 g di carboidrati 10,2 g di proteine 180 mg di sodio

Casseruola Cheesy Amish

Tempo di preparazione: 10 minuti

Tempo di cottura : 50 minuti

Porzioni: 12

Livello di difficoltà: facile

Ingredienti:

- 1 libbra di pancetta affettata, a dadini,
- 1 cipolla dolce, carne macinata
- 4 tazze di patate grattugiate e congelate, scongelate
- 9 uova leggermente sbattute
- 2 tazze di formaggio cheddar grattugiato
- 1 1/2 tazza di ricotta
- 1 1/4 tazze di formaggio svizzero grattugiato

Indicazioni:

Preriscalda il forno a 175 ° C. Ungere una pirofila da 9 x 13 pollici.

Riscaldare una padella grande a fuoco medio; Cuocere e mescolare la pancetta e la cipolla fino a quando la pancetta sarà dorata in modo uniforme per circa 10 minuti. Scolare. Mescolare le patate, le uova, il formaggio cheddar, la ricotta e il formaggio svizzero. Versare il composto in una pirofila preparata.

Cuocere in forno fino a quando le uova sono cotte e il formaggio si scioglie per 45-50 minuti. Mettere da parte per 10 minuti prima di tagliare e servire.

Nutrizione (per 100 g): 314 calorie 22,8 g di grassi 12,1 g di carboidrati 21,7 g di proteine 609 mg di sodio

Insalata con formaggio Roquefort

Tempo di preparazione: 20 minuti

Tempo di cottura : 25 minuti

Porzioni: 6

Livello di difficoltà: facile

Ingredienti:

- 1 foglia di lattuga, tagliata a pezzetti
- 3 pere - sbucciate, senza torsolo e tagliate a pezzi
- 150 g di formaggio Roquefort, sbriciolato
- 1/2 tazza di cipolle verdi tritate
- 1 avocado - sbucciato, privato dei semi e tagliato a dadini
- 1/4 tazza di zucchero bianco
- 1/2 tazza di noci pecan
- 1 1/2 cucchiaino di zucchero bianco
- 1/3 di tazza di olio d'oliva,
- 3 cucchiai di aceto di vino rosso,
- 1 cucchiaino e mezzo di senape preparata,
- 1 spicchio d'aglio tritato,
- 1/2 cucchiaino di pepe nero fresco macinato

Indicazioni:

Incorporare 1/4 di tazza di zucchero con le noci pecan in una padella a fuoco medio. Continua a mescolare delicatamente finché lo zucchero non si è sciolto con le noci pecan. Posiziona con cura i dadi su carta oleata. Mettere da parte e rompere a pezzi.

Combinazione per vinaigrette: olio, aceto, 1 cucchiaino e mezzo di zucchero, senape, aglio tritato, sale e pepe.

In una ciotola grande, mescola lattuga, pere, formaggio blu, avocado e cipolle verdi. Versare la vinaigrette sull'insalata, condita con noci pecan e servire.

Nutrizione (per 100 g): 426 calorie 31,6 g di grassi 33,1 g di carboidrati 8 g di proteine 654 mg di sodio

Riso con Vermicelli

Tempo di preparazione: 5 minuti

Tempo di cottura : 45 minuti

Porzioni: 6

Livello di difficoltà: facile

Ingredienti:

- 2 tazze di riso a grani corti
- 3 tazze e mezzo di acqua, più una quantità per sciacquare e ammollo il riso
- ¼ di tazza di olio d'oliva
- 1 tazza di vermicelli spezzati
- sale

Indicazioni:

Immergere il riso sotto l'acqua fredda fino a quando l'acqua non sarà pulita. Mettete il riso in una ciotola, coprite con acqua e lasciate in ammollo per 10 minuti. Scolare e mettere da parte. Cuocere l'olio d'oliva in una pentola media a fuoco medio.

Incorporare i vermicelli e cuocere per 2 o 3 minuti, mescolando continuamente, fino a doratura.

Mettere il riso e cuocere per 1 minuto, mescolando, in modo che il riso sia ben ricoperto di olio. Mescolare l'acqua e un pizzico di sale e portare a ebollizione il liquido. Regola il calore e fai sobbollire per 20 minuti. Tirate fuori dal fuoco e lasciate riposare per 10 minuti. Fluff con una forchetta e servi.

Nutrizione (per 100 g): 346 calorie 9 g di grassi totali 60 g di carboidrati 2 g di proteine 0,9 mg di sodio

Fave e Riso

Tempo di preparazione: 10 minuti

Tempo di cottura : 35 minuti

Porzioni: 4

Livello di difficoltà: facile

Ingredienti:

- ¼ di tazza di olio d'oliva
- 4 tazze di fave fresche, sgusciate
- 4 tazze e mezzo di acqua, più una quantità per piovigginare
- 2 tazze di riso basmati
- 1/8 cucchiaino di sale
- 1/8 cucchiaino di pepe nero appena macinato
- 2 cucchiai di pinoli, tostati
- ½ tazza di erba cipollina fresca tritata o cipolla fresca

Indicazioni:

Riempire la padella con olio d'oliva e cuocere a fuoco medio. Aggiungere le fave e bagnarle con un po 'd'acqua per evitare che si brucino o si attacchino. Cuocere per 10 minuti.

Incorporare delicatamente il riso. Aggiungere l'acqua, il sale e il pepe. Prepara il fuoco e fai bollire il composto. Regola la fiamma e lascia sobbollire per 15 minuti.

Tirate fuori dal fuoco e lasciate riposare per 10 minuti prima di servire. Versare su un piatto da portata e spolverare con i pinoli tostati e l'erba cipollina.

Nutrizione (per 100 g): 587 calorie 17 g di grassi totali 97 g di carboidrati 2 g di proteine 0,6 mg di sodio

Fave al burro

Tempo di preparazione: 30 minuti

Tempo di cottura : 15 minuti

Porzioni: 4

Livello di difficoltà: facile

Ingredienti:

- ½ tazza di brodo vegetale
- 4 libbre di fave sgusciate
- ¼ di tazza di dragoncello fresco, diviso
- 1 cucchiaino di timo fresco tritato
- ¼ di cucchiaino di pepe nero appena macinato
- 1/8 cucchiaino di sale
- 2 cucchiai di burro
- 1 spicchio d'aglio, tritato
- 2 cucchiai di prezzemolo fresco tritato

Indicazioni:

Lessare il brodo vegetale in una padella bassa a fuoco medio. Aggiungere le fave, 2 cucchiai di dragoncello, il timo, il pepe e il sale. Cuocere fino a quando il brodo non sarà quasi assorbito e i fagioli saranno teneri.

Incorporare il burro, l'aglio e i 2 cucchiai rimanenti di dragoncello. Cuoci per 2-3 minuti. Cospargere con il prezzemolo e servire caldo.

Nutrizione (per 100 g): 458 calorie 9 g di grassi 81 g di carboidrati 37 g di proteine 691 mg di sodio

Freekeh

Tempo di preparazione: 10 minuti

Tempo di cottura : 40 minuti

Porzioni: 4

Livello di difficoltà: facile

Ingredienti:

- 4 cucchiai di burro chiarificato
- 1 cipolla, tritata
- 3½ tazze di brodo vegetale
- 1 cucchiaino di pimento macinato
- 2 tazze di freekeh
- 2 cucchiai di pinoli, tostati

Indicazioni:

Sciogliere il burro chiarificato in una casseruola dal fondo pesante a fuoco medio. Incorporare la cipolla e cuocere per circa 5 minuti, mescolando continuamente, fino a quando la cipolla non sarà dorata. Versare il brodo vegetale, aggiungere il pimento e portare a ebollizione. Incorporare il freekeh e riportare a ebollizione la miscela. Regolare il calore e cuocere a fuoco lento per 30 minuti, mescolare di tanto in tanto. Versare il freekeh in un piatto da portata e guarnire con i pinoli tostati.

Nutrizione (per 100 g): 459 calorie 18 g di grassi 64 g di carboidrati 10 g di proteine 692 mg di sodio

Polpette di riso fritte con salsa di pomodoro

Tempo di preparazione: 15 minuti

Tempo di cottura : 20 minuti

Porzioni: 8

Livello di difficoltà: difficile

Ingredienti:

- 1 tazza di pangrattato
- 2 tazze di risotto cotto
- 2 uova grandi, divise
- ¼ di tazza di parmigiano grattugiato fresco
- 8 palline di mozzarella fresca, o 1 mozzarella fresca (4 pollici), tagliata in 8 pezzi
- 2 cucchiai d'acqua
- 1 tazza di olio di mais
- 1 tazza di salsa di basilico pomodoro di base, o acquistata in negozio

Indicazioni:

Metti il pangrattato in una piccola ciotola e metti da parte. In una ciotola media, mescolare insieme il risotto, 1 uovo e il parmigiano fino a quando non saranno ben amalgamati. Dividere il composto per il risotto in 8 pezzi. Sistemali su una superficie di lavoro pulita e appiattisci ogni pezzo.

Posizionare 1 mozzarella su ogni disco di riso schiacciato.

Chiudere il riso attorno alla mozzarella per formare una palla.

Ripeti finché non finisci tutte le palline. Nella stessa ciotola, ora vuota, sbatti l'uovo rimanente e l'acqua. Immergere ciascuna pallina di risotto preparata nell'uovo sbattuto e arrotolarla nel pangrattato. Mettere da parte.

Cuocere l'olio di mais in una padella a fuoco alto. Abbassare delicatamente le palline di risotto nell'olio caldo e friggerle per 5-8 minuti fino a doratura. Mescolali, se necessario, per garantire che l'intera superficie sia fritta. Usando una schiumarola, mettere le palline fritte su carta assorbente per scolare.

Riscaldare la salsa di pomodoro in una casseruola media a fuoco medio per 5 minuti, mescolare di tanto in tanto e servire la salsa calda insieme alle palline di riso.

Nutrizione (per 100 g): 255 calorie 15 g di grassi 16 g di carboidrati 2 g di proteine 669 mg di sodio

Riso alla spagnola

Tempo di preparazione: 10 minuti

Tempo di cottura : 35 minuti

Porzioni: 4

Livello di difficoltà: medio

Ingredienti:

- ¼ di tazza di olio d'oliva
- 1 cipolla piccola, tritata finemente
- 1 peperone rosso, privato dei semi e tagliato a dadini
- 1 ½ tazza di riso bianco
- 1 cucchiaino di paprika dolce
- ½ cucchiaino di cumino macinato
- ½ cucchiaino di coriandolo macinato
- 1 spicchio d'aglio, tritato
- 3 cucchiai di concentrato di pomodoro
- 3 tazze di brodo vegetale
- 1/8 cucchiaino di sale

Indicazioni:

Cuocere l'olio d'oliva in una padella larga dal fondo pesante a fuoco medio. Incorporare la cipolla e il peperone rosso. Cuocere per 5 minuti o finché non si ammorbidisce. Aggiungere il riso, la paprika, il cumino e il coriandolo e cuocere per 2 minuti, mescolando spesso.

Aggiungere l'aglio, il concentrato di pomodoro, il brodo vegetale e il sale. Mescola bene e condisci, se necessario. Lascia bollire la miscela. Abbassare la fiamma e cuocere a fuoco lento per 20 minuti.

Mettere da parte per 5 minuti prima di servire.

Nutrizione (per 100 g): 414 calorie 14 g di grassi 63 g di carboidrati 2 g di proteine 664 mg di sodio

Zucchine con Riso e Tzatziki

Tempo di preparazione: 20 minuti

Tempo di cottura : 35 minuti

Porzioni: 4

Livello di difficoltà: medio

Ingredienti:

- ¼ di tazza di olio d'oliva
- 1 cipolla, tritata
- 3 zucchine, tagliate a cubetti
- 1 tazza di brodo vegetale
- ½ tazza di aneto fresco tritato
- sale
- Pepe nero appena macinato
- 1 tazza di riso a grani corti
- 2 cucchiai di pinoli
- 1 tazza di salsa Tzatziki, yogurt bianco o acquistato in negozio

Indicazioni:

Cuocere l'olio in una pentola dal fondo pesante a fuoco medio. Incorporare la cipolla, abbassare la fiamma a un livello medio-basso e far rosolare per 5 minuti. Unite le zucchine e cuocete per altri 2 minuti.

Mescolare il brodo vegetale e l'aneto e condire con sale e pepe. Alzare la fiamma a una temperatura media e portare a ebollizione la miscela.

Incorporare il riso e riportare il composto a ebollizione. Regola la fiamma molto bassa, copri la pentola e cuoci per 15 minuti. Tirare fuori dal fuoco e mettere da parte, per 10 minuti. Versare il riso su un piatto da portata, cospargere con i pinoli e servire con salsa tzatziki.

Nutrizione (per 100 g): 414 calorie 17 g di grassi 57 g di carboidrati 5 g di proteine 591 mg di sodio

Fagioli Cannellini Aioli Al Rosmarino E Aglio

Tempo di preparazione: 10 minuti

Tempo di cottura : 10 minuti

Porzioni: 4

Livello di difficoltà: facile

Ingredienti:

- 4 tazze di fagioli cannellini cotti
- 4 tazze d'acqua
- ½ cucchiaino di sale
- 3 cucchiai di olio d'oliva
- 2 cucchiai di rosmarino fresco tritato
- ½ tazza di Aioli all'aglio
- ¼ di cucchiaino di pepe nero appena macinato

Indicazioni:

Mescolare i fagioli cannellini, l'acqua e il sale in una casseruola media a fuoco medio. Portare ad ebollizione. Cuocere per 5 minuti. Scolare. Cuocere l'olio d'oliva in una padella a fuoco medio.

Aggiungi i fagioli. Incorporare il rosmarino e la salsa aioli. Regola il calore a medio-basso e cuoci, mescolando, solo per riscaldare. Condite con pepe e servite.

Nutrizione (per 100 g): 545 calorie 36 g di grassi 42 g di carboidrati 14 g di proteine 608 mg di sodio

Riso ingioiellato

Tempo di preparazione: 15 minuti

Tempo di cottura : 30 minuti

Porzioni: 6

Livello di difficoltà: difficile

Ingredienti:

- ½ tazza di olio d'oliva, diviso
- 1 cipolla, tritata finemente
- 1 spicchio d'aglio, tritato
- ½ cucchiaino di zenzero fresco sbucciato tritato
- 4½ tazze d'acqua
- 1 cucchiaino di sale, diviso, più altro se necessario
- 1 cucchiaino di curcuma macinata
- 2 tazze di riso basmati
- 1 tazza di piselli dolci freschi
- 2 carote, sbucciate e tagliate a dadi da ½ pollice
- ½ tazza di mirtilli rossi secchi
- La scorza grattugiata di 1 arancia
- 1/8 cucchiaino di pepe di Caienna
- ¼ di tazza di mandorle a scaglie, tostate

Indicazioni:

Riscaldare ¼ di tazza di olio d'oliva in una padella larga. Mettere la cipolla e cuocere per 4 minuti. Soffriggi l'aglio e lo zenzero.

Incorporare l'acqua, ¾ cucchiaino di sale e la curcuma. Portare la miscela a ebollizione. Aggiungere il riso e riportare a ebollizione il composto. Assaggiare il brodo e condire con altro sale, se necessario. Seleziona il fuoco al minimo e cuoci per 15 minuti. Spegni il fuoco. Lasciate riposare il riso sul fuoco, coperto, per 10 minuti. Nel frattempo, in una padella o padella di medie dimensioni a fuoco medio-basso, scaldare il restante ¼ di tazza di olio d'oliva. Incorporare i piselli e le carote. Cuocere per 5 minuti.

Incorporare i mirtilli rossi e la scorza d'arancia. Spolverare con il sale rimanente e il pepe di Caienna. Cuoci per 1 o 2 minuti. Metti il riso su un piatto da portata con un cucchiaio. Completare con i piselli e le carote e spolverare con le mandorle tostate.

Nutrizione (per 100 g): 460 calorie 19 g di grassi 65 g di carboidrati 4 g di proteine 810 mg di sodio

Lightning Source UK Ltd.
Milton Keynes UK
UKHW022018020621
384830UK00002B/237